INVENTAIRE

F 28803

I0080365

RÉVISION

DU

CODE NAPOLÉON

PAR

M. BATBIE

PROFESSEUR D'ÉCONOMIE POLITIQUE A LA FACULTÉ DE DROIT DE PARIS

MÉMOIRE LU A L'ACADÉMIE DES SCIENCES MORALES ET POLITIQUES

Les 23 et 30 Décembre 1865

PARIS

COTILLON, ÉDITEUR, LIBRAIRE DU CONSEIL D'ÉTAT

24, RUE SOUFFLOT, 24

1866

F

RÉVISION

DU

CODE NAPOLÉON

28803

PARIS. — IMP. SIMON RAÇON ET COMP., RUE D'ERFURTH, 1.

RÉVISION

DU

CODE NAPOLÉON

PAR

M. BATBIE

PROFESSEUR D'ÉCONOMIE POLITIQUE A LA FACULTÉ DE DROIT DE PARIS

MÉMOIRE LU A L'ACADÉMIE DES SCIENCES MORALES ET POLITIQUES
LES 23 ET 30 DÉCEMBRE 1865

PARIS

COTILLON, ÉDITEUR, LIBRAIRE DU CONSEIL D'ÉTAT

24, RUE SOUFFLOT, 24

1866

BIBLIOTHÈQUE IMPÉRIALE IMPR.

RÉVISION

DU

CODE NAPOLÉON

Dans toute société qui progresse, les lois, même les mieux faites, même celles qui ont été accueillies par d'unanimes éloges, sont, après un temps plus ou moins long, en désaccord avec les faits moraux et économiques. La jurisprudence s'efforce d'abord, par une interprétation aussi large que possible, de plier les textes aux besoins nouveaux ; mais un moment arrive, tôt ou tard, où ce procédé est impuissant parce que le texte résiste, qu'il est impossible de le plier, même de le tourner, et qu'il faut l'appliquer ou le briser. Ce conflit se produit surtout dans les pays où la législation est codifiée, où on n'a presque rien laissé à la coutume, où les pouvoirs du juge sont limités par des textes précis et obligatoires. Partout où, comme chez nous, l'on pratique le principe : *optima lex quæ minimum judici,*

1

les ressources de la jurisprudence sont vite épuisées et
les remaniements de la législation deviennent néces-
saires après quelques années. Je suis loin de croire
que la codification n'ait pas de grands avantages; la
clarté qui en résulte et la facilité qu'elle offre à ceux
qui veulent connaître la loi sont des mérites très-pré-
cieux, dont la valeur pratique est supérieure à toutes
les considérations que fait valoir l'école historique. Mais
il y aurait erreur à mettre au nombre des qualités d'une
législation codifiée l'immobilité résultant de la difficulté qu'offre toujours le remaniement d'un corps de
lois. A diverses reprises notre législation pénale a été
modifiée; plusieurs titres de notre Code de procédure
ont été simplifiés; si le Code de commerce est demeuré
à peu près tel qu'il sortit des mains de ses rédacteurs,
c'est que dans les matières dont il traite la puissance
de la coutume est très-grande; d'ailleurs le titre des
faillites a été retouché en 1838 et il est probable que,
dans la session prochaine, le Corps législatif discutera
un projet de loi sur les sociétés. Le Code Napoléon, au
contraire, n'a presque pas été changé; les quelques modifications qu'il a éprouvées portent sur des détails se-
condaires, dont l'importance ne peut pas être contestée,
mais qui paraît petite à ceux dont l'esprit consi-
dère l'ensemble de la législation. A quelles raisons
faut-il attribuer cette résistance du Code civil? Tient-
elle à la supériorité de la rédaction ou à la nature des
droits qui en sont la matière? Elle résulte peut-être de
la combinaison de ces deux causes : car le Code civil fut
préparé avec un soin particulier et par des hommes
d'un esprit éminent, tandis que les autres parties de

la législation impériale furent l'œuvre hâtive de prati-
ciens. D'un autre côté, les rapports privés ont depuis
longtemps été étudiés et réglés ; il en est un grand
nombre pour lesquels le progrès n'est guère possible,
de sorte que la permanence du fond a concouru au
même résultat que la maturité de la rédaction.

Le Code civil, si on le juge comme œuvre politique
et sociale, mérite les éloges qui lui ont été donnés. Il
remplaça heureusement les coutumes diverses qui se
partageaient le territoire de la France ; il fit revivre
d'anciennes dispositions et les associa, dans un mélange
fait avec intelligence, aux principes de la Révolution ;
il dissipa plusieurs idées excessives nées au milieu
de l'agitation révolutionnaire et que ne pouvait pas
adopter une société régulière. En un mot, il consomma,
dans l'ordre des intérêts privés, cette réconciliation de
l'ancien et du nouveau régime que poursuivait, dans
toutes les directions, la politique du premier Consul.
Sa rédaction a de grandes qualités ; elle est simple
et sa clarté répond généralement aux besoins de la pratique. Quelques négligences trahissent par intervalles
la précipitation de rédacteurs qui se pressent sous les
ordres d'une volonté puissante. N'importe ; ces imper-
fections ne doivent pas nous empêcher de reconnaître
que, même dans sa forme, le Code civil est une œuvre
remarquable.

J'ai noté cependant quelques articles qui ne sont
pas en harmonie avec les principes du droit individuel, et notamment de la propriété et de la liberté des
conventions. Dans presque tous les titres on trouve des
restrictions qui enchaînent inutilement la volonté des

parties. Les unes s'expliquent par d'anciennes coutumes dont elles sont un reste, et les autres par cette
tendance à réglementer et à prévoir qui a été, à toutes
les époques, le caractère de la loi française. Nous
allons passer en revue les dispositions auxquelles je
viens de faire allusion ; cet examen démontrera qu'elles
sont assez nombreuses et assez importantes pour
expliquer un remaniement du Code Napoléon, dans
un sens favorable à la liberté des parties qui agissent
ou contractent.

Mon intention n'est pas d'embrasser dans ce travail
tous les points de vue auxquels pourrait être entreprise
la révision du Code. Je laisse aux jurisconsultes le soin
de signaler les inexactitudes qui se sont glissées dans la
rédaction, les lacunes qu'il faudrait combler et les
controverses qu'il serait bon d'éteindre; je laisse aux
philosophes les observations qu'il y aurait à faire sur la
constitution de la famille et la condition des personnes.
Mon but consiste uniquement à réclamer contre les
dispositions qui portent inutilement atteinte au droit
individuel, à la propriété et à la liberté des conventions.

Avant de commencer, je tiens à écarter tout reproche
de témérité ou d'outrecuidance. La plus grande partie
des modifications que je proposerai ont déjà été de-
mandées par des jurisconsultes ou des publicistes qui
m'ont précédé. Mon travail sera principalement la
réunion de critiques qui sont éparses dans un grand
nombre d'ouvrages; les observations qui viendront de
moi n'occuperont que la plus petite place. Toute mon
audace se réduira donc à réunir ce qui est séparé et

à faire remarquer, en le concentrant, ce qui passait inaperçu par suite de sa division.— Je suivrai l'ordre des titres du Code Napoléon.

L'acquisition de la qualité de Français n'est pas chose facile, car notre loi exige que l'étranger obtienne l'autorisation de fixer son domicile en France, qu'il y réside pendant dix ans et qu'après cette épreuve prolongée il reçoive la qualité de Français par un décret du chef de l'État (loi du 3 décembre 1849). La durée de la résidence peut cependant être réduite de dix à un an, toutes les fois que l'étranger a rendu quelques services signalés à la France. Les entraves que cette législation oppose à la naturalisation me paraissent s'éloigner beaucoup des habitudes de large hospitalité qui caractérisent notre nation et de la tendance qu'a toujours eue notre législateur à favoriser ce qui pouvait attirer l'étranger parmi nous. Cette exception s'explique-t-elle par quelque raison puissante, par quelque intérêt national d'importance? Après avoir longtemps cherché, je n'en ai trouvé aucun. Si l'étranger mérite qu'on le reçoive, pourquoi l'obliger, pendant dix ans, à n'avoir pas de patrie? Ce qui me paraît surtout difficile à expliquer c'est que l'on repousse pendant un an l'étranger qui, après avoir rendu à notre pays un service signalé, demande à être agrégé à un peuple dont il a bien mérité avant d'en faire partie. Pourquoi tarder à faire une si bonne acquisition? Pourquoi perdre pendant un an le concours précieux d'un citoyen distingué? La qualité de Français a certainement un fort grand prix, et d'avance je déclare détestable tout ce qui tendrait à l'avilir; mais je trouve excessives les dispositions qui entravent la volonté du souverain. Notre loi enlève sa nationalité à l'étranger qui se fait naturaliser en France; n'est-ce pas là un frein à la fréquence des naturalisations? Chacun tient suffisamment à garder sa nationalité d'origine pour qu'on n'ait pas à craindre l'invasion des étrangers parmi nous. Il serait d'ailleurs facile de tout concilier. Qu'on laisse subsister la législation actuelle et qu'on y ajoute seulement un article en vertu duquel la qualité de Français pourra être conférée, par une *loi d'intérêt privé*, sans condition de résidence antérieure et à la charge seulement d'établir à l'avenir son domicile en France. Le pouvoir législatif n'est-il pas une garantie suffisante pour rassurer contre l'abus de la faculté de naturaliser? Avec de telles précautions, avec la disposition qui fait perdre la nationalité d'origine à celui qui est naturalisé Français, avec l'autorisation du pouvoir le plus élevé, il n'y a pas à craindre que le titre de Français soit diminué par une trop grande facilité à le donner. Il ne sera ni trop demandé ni trop accordé. La liberté du pouvoir et des individus y aura cependant beaucoup gagné, car elle sera délivrée d'entraves qui peuvent, dans certains cas, être fort gênantes et empêcher, par le découragement, des naturalisations qui seraient très-désirables.

Qu'oppose-t-on à cette modification? Qu'elle n'aura qu'un résultat presque nul, que la somme des faits ne variera pas, que le changement ne profitera qu'à un petit nombre d'individus, et qu'il n'est pas bon de toucher à notre loi pour quelques cas exceptionnels. Est-ce bien comprendre la liberté? Les moyennes ne sont qu'une abstraction, et elles importent assez peu à ceux qui se trouvent dans l'exception. Alors même qu'une disposition restrictive ne gênerait qu'une seule personne, il serait bon de la supprimer, si on le pouvait sans nuire aux autres. L'entrave est ressentie par des personnes vivantes; n'y a-t-il pas cruauté à leur répondre, quand elles se plaignent, que la moyenne se tait et que la majorité paraît être contente? Autant vaudrait dire à ceux qui s'éteignent à vingt ans qu'ils sont bien heureux, puisque la moyenne s'est, dans ces derniers temps, élevée de trente-trois à trente-sept ou trente-huit ans! Les moyennes sont excellentes pour se rendre compte de l'effet d'une restriction nécessaire; mais si la restriction est inutile, la seule chose dont il y ait à tenir compte, c'est la liberté des individus, même de ceux qui sont dans l'exception. En résumé, je demande que le chef du pouvoir exécutif continue à naturaliser conformément à loi du 5 décembre 1849 et qu'on accorde au pouvoir législatif la faculté de conférer la qualité de français en dehors des conditions prescrite par la loi générale.

L'attribution des actes de l'état civil au maire a été un grand progrès pour la liberté de conscience. Je crois cependant que la séparation de la religion et du civil a été faite d'une manière excessive, et que les législateurs ont cédé à une réaction extrême contre la puissance du clergé. Que demande la liberté de conscience? Que la célébration devant le maire soit suffisante; que l'athée, s'il en existe, puisse se marier; que la loi enfin n'exige aucun acte qui soit contraire à la pensée intime des futurs. Mais la même liberté de conscience demande aussi que si un époux civilement marié ne veut pas, au mépris d'une promesse formelle ou tacite, ajouter la célébration religieuse à la célébration civile, il ne puisse pas contraindre à la cohabitation l'autre futur époux, qui voit un concubinage dans toute relation sexuelle non consacrée par la religion. Celui qui a promis d'aller à l'église, au temple ou à la synagogue, et qui, au sortir de la mairie, refuse de tenir sa promesse, ne mérite pas la protection de la loi, et j'ajoute qu'il y a oppression dans une disposition qui fait violence au conjoint trompé, dont les convictions religieuses s'opposent à la cohabitation. Je sais bien que ce fait se produira rarement, et que presque toujours les époux tiendront leurs engagements; mais l'oppression n'est que plus cruelle lorsque l'opprimé est seul, *pessima servitus unius*. Encore une fois, les moyennes ne font pas qu'une loi soit juste dans les cas particuliers, et lorsque la prohibition n'est pas demandée par l'intérêt général, il est digne d'un législateur éclairé d'assurer la liberté des parties même dans les cas les plus rares[1]. Je vou-

---

[1] Si le refus de procéder à la célébration religieuse après le mariage civil est rare, les recueils d'arrêt nous avertissent que le cas s'est présenté quelquefois, et probablement il a été plus fréquent qu'il ne s'est montré, car toutes les fois qu'il a eu lieu l'affaire n'a pas été portée devant les tribunaux. Les femmes, même les plus religieuses, ont préféré se résigner plutôt que de porter devant la justice des réclamations bruyantes. La cour de Montpellier a eu à statuer sur un cas semblable et elle l'a fait par arrêt du 4 mai 1847 (aff. Roques). Plus récemment, la cour d'Angers a prononcé la séparation de corps entre deux époux qui avaient vécu séparés de fait de 1815 à 1858, le mari ayant toujours refusé et persistant à refuser la célébration religieuse (arrêt du 29 janvier 1859). M. Demolombe trouve dans ce refus une cause de séparation de corps, et il motive son opinion en des termes qui méritent d'être cités : « Je crois que l'époux félon blesse profondément son conjoint en violant sa pro-

drais donc que, devant l'officier de l'état civil, les conjoints déclarassent s'ils entendent célébrer leur mariage religieusement ou non. Si non, le mariage civil serait définitif ; si oui, la loi ne reconnaîtrait le mariage qu'autant qu'on justifierait de la célébration religieuse. Ainsi se concilierait le droit individuel avec l'intérêt général, et satisfaction serait donnée à la liberté de conscience d'une manière pleine. Ainsi dispa-

messe expresse ou tacite, et je conclus que lorsqu'en effet la célébration religieuse a été promise, soit expressément, soit même tacitement, et que l'autre époux a dû y compter (ce qui sera une question de fait), le refus de son conjoint est envers lui une *injure grave*, puisque ce conjoint veut le forcer à vivre dans un état ui, à ses yeux, ne serait qu'un concubinage. » (Demolombe, *Traité du   riage*, n° 390, t. II, p. 485.) J'admire le tour de force par lequel la jurisprudence de la cour d'Angers et l'éminent jurisconsulte de Caen ont trouvé là un cas de séparation de corps pour *injure grave*. A moins que les termes aient perdu leur sens naturel, je ne vois rien d'injurieux dans ce refus si le conjoint qui refuse ne l'a pas accompagné de faits propres à lui donner ce caractère ; or, ce refus pourrait être fait de la manière la plus respectueuse. Supposons que le mari dise en refusant : « J'avais trop présumé de mes forces, et le désir d'être uni à vous m'avait décidé à passer sur toutes les exigences de la religion ; mais aujourd'hui j'ai réfléchi, et il m'est impossible de participer à une cérémonie que mon incrédulité profanerait. » Comment voir une injure dans un refus qui serait motivé en ces termes ?

La manière dont les jurisconsultes ont tourmenté cette loi prouve qu'elle n'est pas bonne et que, dans certains cas, elle est oppressive sans profit pour l'intérêt général. Le vice de ces dispositions est tellement sensible que des jurisconsultes d'un incontestable mérite, par exemple M. Marcadé et M. Bressolles, professeur à la Faculté de droit de Toulouse, ont décidé que le refus de procéder à la célébration religieuse constitue un *cas de nullité pour erreur sur la personne*, cas prévu par l'art. 180 C. N. C'est encore un tour de force qui démontre l'insuffisance de la loi. Au lieu de torturer ainsi le sens des textes, rentrons dans la vérité et dans la simplicité : *Simplicitatem legibus amicam*. Reconnaissons qu'il n'y a là ni cause de nullité, ni cause de séparation de corps, et qu'il y a simplement motif de modifier une loi qui, par une réaction exagérée en faveur de la liberté de conscience, a blessé cette liberté même.

raîtrait une oppression qui ne sera, j'en conviens, que
fort rare, mais qui est possible, et qui serait assurément cruelle pour ceux qui auraient le malheur de se
trouver dans l'exception.

Un autre exemple des mauvais effets que peut produire une réaction exagérée contre des dispositions vi-
cieuses, se trouve dans la loi sur l'abolition de la mort
civile (loi du 31 mai 1854). Certes, c'était une loi bar-
bare que celle qui dissolvait le mariage du mort civilement, séparait des époux qui voulaient rester unis, con-
damnait à la bâtardise les enfants nés de cette admi-
rable fidélité dans l'infortune, en un mot, défendait à
l'époux du condamné de croire à l'innocence de son
conjoint. Mais la loi nouvelle a aussi son genre de
cruauté : elle force à rester unis des conjoints dont l'un
est flétri et inspire de l'horreur à l'autre. Le conjoint
ne peut que demander la séparation de corps, et, s'il
est jeune, sa vie ne sera qu'un long célibat. Au lieu
de dissoudre le mariage, comme le faisait le Code Napoléon (art. 227 C. N.), au lieu de le maintenir absolument, comme le fait la loi nouvelle, il aurait été juste
de permettre au conjoint du condamné de demander la
dissolution du mariage, et de la faire prononcer en justice. En lui permettant de choisir entre la fidélité au
condamné qu'il croit innocent, et la dissolution du mariage, lorsqu'il le juge coupable, la loi aurait pris une
juste mesure entre deux extrêmes. La loi du 8 mai 1816
sur la suppression du divorce n'y faisait pas obstacle ;
car l'ancien art. 227 du Code Napoléon a coexisté avec
la loi du 8 mai 1816. La modification que je viens d'in-
diquer n'aurait donc été qu'un adoucissement de l'ar-

ticle 227. Telle que je la propose, la disposition ne sé-
rait pas un cas de divorce, mais un cas de dissolution,
avec cette particularité qu'au lieu d'être forcée, comme
elle l'a été jusqu'à 1854, la dissolution ne serait que
facultative au gré du conjoint du condamné.

Je passerais sur tout le premier livre du Code civil,
si je n'étais retenu par la disposition de l'art. 513, qui
permet de donner *au prodigue* un conseil judiciaire
sans l'assistance duquel il ne peut plaider, transiger,
aliéner, emprunter ou hypothéquer. Le majeur qui est
sain d'esprit doit, selon moi, conserver la libre disposition de sa fortune. Pourquoi tendre un piége aux tiers
qui contractent avec lui ? Les personnes qui traitent avec
un interdit, ou avec celui dont les facultés sont affai-
blies (art. 489 C. N.), sont averties par l'état mental
qu'il y aurait imprudence à contracter. Mais le prodigue ne porte aucun des caractères de la démence, et
il lui est facile de tromper les tiers, sans qu'il y ait
pour ceux-ci un moyen de découvrir l'incapacité. Sans
doute, c'est un malheur pour la famille d'avoir pour
chef un père prodigue ; pour le père, il est désolant
d'avoir un enfant prodigue ; pour les frères et sœurs, il
est triste d'avoir un frère prodigue qui, après avoir
dévoré sa fortune, retombera probablement à leur
charge. Tout cela est vrai ; mais le rôle de la loi ne
consiste pas à empêcher ces douleurs, s'il faut pour
cela porter atteinte à la liberté du prodigue et tendre
des embûches à la bonne foi du public. Il y a d'ailleurs
bien des manières de dépenser sa fortune. Les uns dé-
vorent leur bien *dans les plaisirs*, et les autres dans *les
projets*. Celui-ci a des passions violentes et diverses ;

celui-là est poursuivi par une idée à laquelle il sacrifie
tout ce qu'il possède. Les tribunaux auront-ils, dans les
deux cas, le même pouvoir d'appréciation? La famille se
plaint également du dissipé et du chercheur, de celui
que tourmentent les passions et de celui qu'agite une
idée, de celui qui sacrifie son bien à la recherche de
l'absolu, tout autant que de celui qui le vend pour
des maîtresses. Est-il bon de permettre à la justice
une immixtion aussi grave dans la manière de vivre des
particuliers? Cependant l'art. 513 l'autorise, à moins
qu'on ne restreigne arbitrairement le sens de sa disposition. Sans aller jusqu'au *faiseur de projets*, l'éleveur
qui fait courir, et qui se ruine en chevaux de course,
est-il un prodigue ou un spéculateur? A ce jeu, il est
facile de perdre sa fortune, et cependant c'est aussi
une façon de s'enrichir. Il y a donc beaucoup de manières de se ruiner, et, lorsqu'on ne peut pas l'empêcher, je doute qu'il soit bon de créer des entraves
impuissantes, au préjudice des tiers qui sont exposés
à l'erreur sur la capacité du prodigue. Je comprends
qu'on accorde aux tribunaux le pouvoir de réduire
des engagements excessifs. Alors, en effet, le tiers a
été prévenu par l'excès de l'obligation qu'il avait devant lui une personne dont les habitudes étaient dé-
rangées. Comment pourrait-il invoquer sa bonne foi,
lorsque la nature et l'étendue de la dette l'ont averti?
Mais celui qui a traité sincèrement, qui n'a été averti
de l'incapacité du prodigue ni par son état mental
ni par le chiffre de la dette, a quelque raison de trouver la loi insidieuse [1].

[1] La nomination d'un Conseil judiciaire aux prodigues fut très-vive-

Au titre des servitudes, l'art. 661 permet à tout propriétaire joignant le mur du voisin d'exiger la mitoyenneté, à la charge seulement de payer la moitié des frais de construction et de la valeur de l'emplacement sur lequel le mur est construit. C'est là ce que j'appelle un cas *d'expropriation pour cause d'utilité privée.* Le propriétaire tient à garder l'entière disposition de son mur ; il ne voudrait pas qu'en acquérant la mitoyenneté de ce mur, le voisin eût le droit de l'exhausser, de le démolir pour en élargir la base, et de lui causer pendant la reconstruction tous les ennuis inséparables d'un semblable travail ; surtout il lui déplaît d'avoir quelque chose en commun avec un voisin qu'il déteste. Quel est donc l'intérêt général qui a déterminé le législateur à faire plier le droit individuel ? Il y aura sans doute économie à faire un mur au lieu de deux ; mais cette économie n'est relative qu'aux intérêts privés. Que si l'on objecte que cette économie profitera au capital et au travail généraux, je répondrai qu'à moins de proclamer le communisme, il faut savoir se résigner aux déperditions qui sont inséparables de la propriété individuelle. Ces pertes sont compensées par des avantages nombreux qu'il est inutile de faire ressortir devant une compagnie qui a beaucoup fait pour défendre la propriété, lorsqu'elle était menacée par les systèmes et par

---

ment débattue au Conseil d'État. Elle ne passa dans la loi que sur l'observation peu concluante de Cambacérès : « Un prodigue peut devenir « un homme dangereux et l'État ne peut pas être indifférent sur le sort « des familles. » (Locré, t. VII, p. 327.) Ce qui est dangereux c'est l'incapacité que rien ne manifeste et dont les tiers ne sont pas avertis. Quant au sort des familles, je ferai observer qu'il serait juste avant tout de considérer le *sort de la famille* des tiers avec lesquels traite le prodigue.

la révolte. Il est évident que l'art. 661 est une atteinte
au droit de propriété, et que, pour le justifier, il faut re-
courir à des motifs que les socialistes ont seuls le droit
d'invoquer. La mitoyenneté donne lieu à tant de difficultés et de procès, que l'économie qui en résulte est largement compensée par l'augmentation des frais de justice.
Il en est, en effet, du voisinage comme de la parenté,
et l'on peut dire de l'un et de l'autre : *Magnum inci-
tamentum charitatis et magnum irritamentum odio-
rum*. D'ailleurs, que la mitoyenneté soit ou non désirable, la seule règle conforme aux principes c'est de
laisser aux conventions librement formées le soin de
l'établir et de la faire cesser.

L'expérience a démontré que le droit d'acquérir la
mitoyenneté peut servir uniquement à vexer le propriétaire duquel on l'exige. Souvent cette acquisition a
été employée pour forcer le propriétaire à fermer les
jours de souffrance ouverts dans le mur, de sorte
que, sans avoir besoin de construire, ni d'appuyer
aucun ouvrage, le voisin requiert l'application de l'art.
661, du Code N., et cet article devient ainsi un moyen
de porter atteinte à la propriété privée. Je n'ignore
pas que, dans la fixation de l'indemnité, le tribunal
tiendra compte du préjudice que cette suppression des
jours de souffrance rendra possible. Mais l'indemnité,
qui est le seul moyen à employer pour l'expropriation
d'utilité publique, cesse d'être un argument quand un
intérêt général ne justifie pas le sacrifice demandé à
l'intérêt privé.

L'art. 663 contient, selon moi, une autre atteinte au
droit individuel. D'après cette disposition, dans les

villes et les faubourgs, tout propriétaire peut forcer son voisin à contribuer aux frais de construction d'une clôture dont la hauteur est, à défaut de règlements ou usages locaux, fixée par la loi elle-même. Il se peut cependant que, loin de trouver un avantage à faire une clôture, je sois très-contrarié par un mur qui me prendra ou la vue ou l'air, et m'étouffera dans un espace trop restreint. Si mon voisin veut se clore, je ne dois pas l'en empêcher, ni au point de vue de la loi civile, ni au point de vue de la loi naturelle. Mais est-il juste de me faire contribuer, de force, à une construction qui m'incommode peut-être? Si j'y trouve avantage, l'accord ne tardera pas à s'établir entre les intéressés, et la liberté des conventions remplacera avantageusement la coaction de la loi. Même quand j'ai intérêt à me clore, je puis être très-gêné par l'obligation de débourser une somme que peut-être je n'ai pas et que je serai forcé de demander à l'emprunt. L'art. 647 qui permet à tout propriétaire de clore son héritage, consacre la seule règle qui soit conforme au droit et, dans l'art. 663 comme dans l'art. 661, je trouve que la propriété n'est pas suffisamment respectée[1].

---

[1] M. Demolombe dit, au sujet de la mitoyenneté : « L'intérêt bien compris de deux propriétaires voisins est d'avoir en commun, sur la ligne séparative de leurs fonds, un seul mur, soit pour supporter leurs bâtiments, soit pour servir de clôture à leurs héritages contigus. Un seul mur suffit en effet; deux murs seraient inutiles, incommodes, dispendieux et on peut même dire que la société tout entière est intéressée à ce que la dépense des capitaux et des terrains ne soit pas doublée en pure perte. » (*Servitudes*, t. Ier, n. 513.) L'intérêt bien entendu des propriétaires sera mieux apprécié par les intéressés, et d'ailleurs il dépend de circonstances auxquelles il est impossible d'appliquer une règle uniforme. Quant à l'intérêt général, c'est l'argument que font valoir les socialistes pour deman-

Le troisième livre qui traite des manières d'acquérir la propriété, s'ouvre par le titre des successions. Les donations et testaments ne viennent qu'après. J'ai souvent fait remarquer que l'ordre serait plus logique s'il était interverti, puisque la succession légitime ou *ab intestat* n'est qu'une espèce de testament que le législateur fait pour celui qui a été empêché de tester. Il aurait été plus conforme à l'ordre rationnel des idées de donner la première place à l'expression formelle de la volonté du défunt et la seconde à la succession déférée légalement, d'après l'ordre présumé des affections du défunt. S'il n'y avait, dans notre loi, qu'un renversement purement formel, je n'en aurais pas fait l'observation ; surtout je me serais abstenu de la produire devant les auditeurs considérables qui me font l'honneur de m'écouter. Mais mon observation ne s'arrête pas à la forme, et le fond même des dispositions en est atteint. On lit, en effet, fréquemment dans les commentaires, que la succession *ab intestat* n'est que le testament présumé du défunt, et que l'ordre légal ne vaut que par la puissance de sa volonté. Les mêmes auteurs écrivent, dans d'autres passages, que la loi préfère l'ordre des héritiers *ab intestat* à celui des héritiers testamentaires, et c'est ainsi qu'ils expliquent plusieurs des restrictions que le législateur a édictées en matière de donations et de testaments. Il faudrait s'entendre cependant. Si la succession légi-

der la consommation en commun et toutes les conditions de la vie commune qui, selon eux, réduirait de beaucoup les dépenses. La plupart des jurisconsultes qualifient l'article 661 de disposition exorbitante et, à ce titre, l'interprètent restrictivement (Duranton, t. V, n. 524, et Duvergier sur Toullier, II, n. 193, note *a*).

time ne vaut que par la volonté présumée du défunt, est-il logique de préférer la volonté tacite à la volonté exprimée? La circonstance, frivole en apparence, que le législateur a renversé l'ordre naturel des titres est, en réalité, fort grave parce que le même renversement se retrouve dans le fond des idées. Je commencerai donc par le titre des donations et testaments.

Le code (art. 943 C. N.) ne permet de disposer, par donation entre vifs, que des *biens présents*, et déclare nulle toute donation de biens à venir. Il est fait exception à cette prohibition en faveur du mariage; car la loi permet, soit aux époux, soit aux parents, même aux étrangers, de faire, par contrat de mariage, des donations de biens à venir et des donations de biens présents et à venir. Le Code (art. 944 C. N.) exige aussi que le donateur se dépouille *irrévocablement* de ce qu'il donne; toute clause qui autoriserait le donateur à révoquer sa libéralité serait nulle, et les objets pour lesquels le donateur se réserverait la faculté d'en disposer ultérieurement, seraient considérés comme n'étant pas compris dans la disposition. Il y a exception à cette règle pour les donations entre époux pendant le mariage, donations que l'art. 1096 déclare révocables.

Si l'actualité et l'irrévocabilité sont deux bonnes règles, pourquoi le législateur s'en est-il écarté en matière de contrat de mariage? Que si, au contraire, ce sont des entraves inutiles, pourquoi les conserver dans les donations ordinaires? Je n'aperçois aucune raison, ni théorique, ni pratique, pour exiger qu'un donateur se dépouille actuellement et irrévocablement, et pour interdire au donateur ordinaire ce qui est permis au

2

donateur par contrat de mariage ou aux époux pendant le mariage. Cette interdiction est d'autant moins justifiable que la loi romaine admettait, à côté des donations entre vifs qui étaient irrévocables, des donations à cause de mort que le donateur pouvait révoquer, et qui étaient caduques par le prédécès du donataire. Les parties avaient donc la faculté de se dépouiller irrévocablement, ou de se réserver le droit de révoquer, et la loi consacrait la volonté qui avait été librement manifestée. Comment se fait-il que notre loi soit moins libérale que celle de Rome, et que, parmi les nombreux emprunts que nous ayons faits aux lois romaines, une disposition si favorable à la liberté des conventions n'ait pas trouvé sa place? Cette anomalie s'explique par l'influence de l'ancien droit et par des raisons d'un caractère historique.

Dans notre droit coutumier, la quotité disponible n'était pas la même pour les testaments que pour les donations entre vifs. Il permettait de disposer plus largement par donation que par acte de dernière volonté. Pour maintenir cette différence, il fallait marquer profondément la distinction entre les deux manières de disposer. Or, la donation à cause de mort des Romains avait avec le testament de telles analogies, que si on avait admis cette manière de disposer, la différence des deux quotités disponibles aurait disparu [1]. Ce qui avait sa raison d'être dans la législation coutumière n'en a plus aucune sous le Code Napoléon car, il n'y a au-

[1] Argou, *Instit. au droit français*, t. Ier, p. 255 : « Les coutumes « ont permis de disposer de tous les propres par donation entre vifs, « parce qu'il arrive rarement qu'un homme se dépouille lui-même de son « vivant. Et néanmoins, s'il le veut, la coutume le lui permet, la coutume

jourd'hui qu'une quotité disponible tant pour les donations que pour les testaments (art. 913 et suiv.,
1094 et 1098). Rien ne s'opposerait plus donc au rétablissement de la loi romaine ou, tout au moins, à la
généralisation des dispositions exceptionnelles qui ont
été consacrées en faveur du mariage. Il est vrai que le
donataire a plus d'avantage à recevoir une donation irrévocable et que cette espèce de libéralité est plus favorable à l'établissement d'une famille qu'un titre fragile
et révocable. Mais les exigences de la loi, en cette
manière, éloignent de la donation et font préférer le
testament. Loin d'y gagner, le donataire y perd, puisque
l'impossibilité de faire une donation révocable fait que
la libéralité est renvoyée après le décès. Or, une donation avec mise en possession immédiate vaudrait mieux
qu'un legs, puisque le donataire y gagnerait la jouis-
sance actuelle.

Les mêmes raisons ont conduit à prohiber ou an-
nuler les donations faites sous une condition dont
l'exécution dépend de la volonté du donateur. Ainsi
on annule une donation ainsi conçue : « Si je ne fais
pas un voyage à ***, je vous donne une somme de
5,000 francs. » Quelle est l'utilité de cette prohibition?

L'art. 946 porte que si le donateur s'est réservé
le droit de disposer d'un bien compris dans la donation ou d'une somme fixe, et qu'il meure sans en avoir
disposé, l'effet ou la somme réservés appartiennent
aux héritiers du donateur, nonobstant toute stipula-

« ne voulant pas l'obliger à avoir plus d'égards pour ses héritiers qu'il
« n'en a pour lui-même. Mais la coutume ne lui permet de disposer par
« testament que d'une partie de ses propres, afin de *conserver les biens*
« *dans la famille.* »

tion contraire. C'est encore une application de l'ancienne maxime : *Donner et retenir ne vaut*. Cette restriction s'explique par la même raison historique,
par le besoin qu'on avait autrefois de séparer le testament de la donation, à cause de la différence des quotités disponibles. Si on ne consulte que la loi naturelle
et la raison, quelle objection y a-t-il à élever contre une
disposition ainsi conçue : « Je donne ma ferme qui se
compose de cent hectares ; cependant, je me réserve le
droit de disposer d'un hectare à prendre par le levant en
avançant vers le couchant, et si je meurs, sans en avoir
disposé, j'entends que cet hectare reste à mon donataire. » Eh bien! quelque simple qu'elle soit, cette
disposition est condamnée par l'art. 946, et, contraire-
ment à la volonté du donateur, l'objet réservé revient
à ses héritiers au lieu de profiter au donataire.

Ici encore la volonté du propriétaire est sacrifiée
sans utilité. Afin de résumer les développements qui
précèdent, je formule les conclusions suivantes :

1º Abrogation des art. 943, 944 et 946 du C. N.;

2º Rétablissement de la loi romaine sur les donations à cause de mort, ou subsidiairement ;

3º Faculté pour les donateurs d'instituer contractuel-
lement autrement que par contrat de mariage, c'est-
à-dire dans un simple acte notarié, et faculté de faire
des donations révocables comme celles que peuvent
faire les époux pendant le mariage [1].

Des écrivains dont le nombre augmente chaque
[...] dans ces derniers temps, critiqué les dispo-

_____

[...] *Donner et retenir ne vaut* est condamnée formellement
p*[...]* (*Donations*, t. 1ᵉʳ, n. 26, p. 26 et 27).

sitions sur la réserve, comme portant atteinte à la propriété du père de famille et nuisant à sa puissance paternelle. La propriété, disent-ils, est un droit absolu que
le législateur n'a pas le droit de diminuer sans le mécon-
naître. Si le père est mécontent d'un enfant, s'il a été
tourmenté par ses désordres, il ne peut pas le punir et
la loi veut que le patrimoine réuni à grand'peine, par
un travail persévérant, aille pour partie aux mains qui
certainement le dissiperont. Est-il possible d'imaginer
une position plus cruelle ? Le père, à la fin d'une vie
laborieuse et sans reproche, est obligé de laisser dé-
composer sa fortune, sans qu'il puisse employer aucun
moyen qui l'empêche. D'un autre côté, l'espérance à
peu près certaine que la loi donne au réservataire prodigue lui crée une espèce de crédit et des facilités qu'il
ne trouverait pas, si les complices de ces débauches
avaient à redouter la colère du père et l'exhérédation
complète. Ainsi le père de famille a tout à la fois la
douleur de penser que sa fortune sera dissipée et que
la certitude qui résulte de la réserve alimente les dé-
bordements de son fils. La propriété est donc méconnue
et la puissance paternelle enchaînée par une loi qui
donne les mêmes droits au fils modèle et au fils débau-
ché ; il n'y a plus, dit-on, ni respect du droit du père,
ni justice distributive pour les enfants.

Les résultats autant que les principes, disent les
écrivains dont j'expose les idées, condamnent les
restrictions imposées à la volonté et à la puissance du
père de famille. L'égalité des partages a conduit la
propriété à une division telle que tout progrès agricole est difficile, sinon impossible. Pas de grande cul-

ture, pas de machines ; partout le travail de l'homme employé encore là où la force de la nature domptée par le capital pourrait libérer les bras de l'ouvrier. Cette arme de guerre contre le passé ne s'est pas bornée à détruire les vieilles institutions ; elle a enchaîné le progrès de la culture et, par un jeu singulier des événements, ce qui avait été fait pour préparer l'avenir a été une cause de retard et d'immobilité. Lorsque Napoléon recommandait au roi de Naples d'établir le Code civil dans ses États, pour y détruire la noblesse et le parti de la réaction politique, il ne se doutait pas que sa recommandation aurait pour résultat de condamner l'agriculture dans ce pays à un état stationnaire. Cependant, les deux effets étaient inséparables. Là n'est d'ailleurs point la seule déperdition de forces qu'occasionne l'égalité des partages. En Angleterre, l'aîné de la famille représente la tradition et dispose des forces ou richesses accumulées par les générations antérieures. A côté de cette force traditionnelle grandissent les enfants puînés qui ont besoin de leur activité et de leur travail pour se créer une position. Aussi les cadets aidés par la puissance de l'aîné arrivent-ils dans l'armée, l'Église, le barreau, la politique à des positions éminentes, de sorte que le pays ne perd rien parce que la force acquise de la tradition est heureusement combinée avec l'activité féconde de ceux qui s'élèvent par le travail.

Je me borne à cette esquisse d'une question qui a récemment été traitée en plusieurs volumes. Si j'ai rappelé ces objections bien connues, c'est pour mieux classer les motifs qui me portent à l'approbation de notre loi sur ce point.

Quelque absolue qu'elle soit, la propriété a des limi
tes et son caractère de *droit absolu* signifie seulement
qu'il ne faut la restreindre que par nécessité. Cette nécessité existe-t-elle en matière de *réserve?*

Évidemment oui ; les parents sont tenus à la dette
alimentaire envers leurs enfants ou descendants et
ces derniers sont réciproquement obligés de fournir des
aliments à leurs ascendants. Or, la dette alimentaire
est un rapport d'obligation qui s'éteint à la mort de
ceux qui la doivent. La réserve a été instituée pour la
perpétuer après la mort des débiteurs d'aliments ; elle
correspond à l'obligation naturelle qui lie les ascendants aux descendants et réciproquement. Serait-il
équitable qu'après avoir mis au monde une famille
qui se perpétuera, c'est-à-dire, après avoir créé des
besoins transmissibles, le père disposât de tous ses
biens au profit d'un étranger ou même exclusivement
en faveur de l'un de ses cohéritiers ? La réserve en
transmettant une portion du patrimoine est la manière
la plus complète dont puisse être remplie l'obligation
de fournir des aliments qui est la conséquence de la
paternité. Elle est préférable à une obligation con-
sistant à payer une rente en argent, parce que l'attribution d'une part suit le progrès de la richesse et
qu'une rente, au contraire, n'est, après trente ou qua-
rante ans, que la moitié de ce qu'elle valait au moment de sa fixation. Les sommes fixées, il y a cent ans,
pour servir de pensions alimentaires, ne donneraient
pas aujourd'hui de quoi se nourrir aux enfants de ceux
qui, avec ces pensions, vécurent autrefois dans l'opulence.

Mais, dit-on, l'obligation alimentaire n'est-elle pas

dépassée par l'institution de la réserve? Je ferai observer que ce ne serait qu'une question de mesure, non
de principe[1]. Je comprendrais que, d'après cette objection, on demandât la réduction de la portion réservée ;
mais cet argument ne peut pas aller jusqu'à faire condamner l'institution. Il est d'ailleurs impossible d'ap-
précier, d'une manière absolue, si la réserve fixée par
notre loi est ou non suffisante pour représenter la
dette alimentaire. Les fortunes sont fort inégales et le
nombre des héritiers très-varié. Le tiers, le quart ou la
moitié sont, dans les maisons opulentes, assez impor-
tants pour excéder les besoins de la dette alimentaire ; tandis que dans les familles seulement aisées ils
ne représentent que le strict nécessaire. La loi peut-
elle tenir compte de toutes ces diversités, surtout dans
un pays où il faut que les dispositions soient uniformes
et où l'on n'aimerait pas des distinctions suivant la
fortune pas plus que des distinctions suivant la naissance? Je trouve que notre Code a fait une division
raisonnable de la réserve et de la quotité disponible,
et, tout en admettant qu'on pourrait fixer des propor-
tions nouvelles, je ne suis pas de ceux qui demandent
une révision sur ce point. Les auteurs du Code me paraissent avoir adopté le véritable principe et fixé la
moyenne à laquelle il était bon de s'arrêter. Quant à
la puissance paternelle, il est impossible de soutenir

---

[1] M. Demolombe donne également pour base à la réserve l'obligation
alimentaire (*Donations*, t. I, n° 6 et 7, et t. II, n° 2). Voir notre
nouveau *Cours d'Économie politique*, 35ᵉ leçon, t. II, p. 82). M. Demolombe ajoute que la réserve est demandée par l'intérêt général, « parce
que la transmission héréditaire des biens est le moyen le plus énergique
de la conservation des familles. » (T. I, n° 8.)

qu'elle est désarmée par une loi qui permet de donner
le tiers, la moitié ou le quart. Si la menace d'enlever
une part si considérable de la fortune ne suffit pas pour
ramener l'enfant qui cède à de mauvaises passions, il est
douteux que des moyens plus énergiques eussent plus
d'efficacité. Sans réussir à ramener les fils égarés, la
liberté testamentaire aurait l'inconvénient de permettre bien des dispositions capricieuses et d'introduire,
par des exhérédations injustes, des ferments de haine
dans les familles. Sans doute, la puissance paternelle
est chose respectable et il faut craindre de la désarmer;
mais l'abus n'est pas impossible et la loi qui protége
le père contre lui-même, qui garantit à l'enfant une
part de la fortune, est une loi sage parce qu'elle ne
limite le droit qu'afin de prévenir l'arbitraire. On a dit
avec raison que *la liberté de tester* ne serait employée
que dans le sens d'une *abusive liberté d'exhéréder.*

Toutes les objections tirées de la division excessive
des terres et de l'obstacle à la grande culture sont, à mon
sens, exagérées. Sans entrer, à ce sujet, dans une longue
dissertation, je me borne à citer un fait d'une grande
signification et dont l'observation est bien facile puisqu'il se passe sous nos yeux. C'est dans le nord de la
France que se sont développées la grande propriété et la
grande culture, tandis que dans le midi, on trouve le co-
lonat partout usité, la propriété très-divisée et la culture
réduite, même par les grands propriétaires, à de fort
petites exploitations. Cependant dans le nord, il n'y a
presque pas d'exemple qu'un père de famille dispose de
la quotité disponible ; les partages se font également
dans presque tous les cas, et l'on ne connaît ni l'aînesse

ni la masculinité. Dans le midi, au contraire, le moindre
paysan dispose du quart ou du tiers au profit de l'aîné in-
variablement, pour obéir à un usage qui domine toutes
les classes de la société. Que faut-il conclure de cette
observation ? C'est que l'égalité des partages n'a pas
les effets qu'on lui attribue et que la liberté testamentaire ne produirait pas les effets qu'on attend. Dans le
nord, les parents continueraient à partager également
leur patrimoine entre les enfants, tandis que dans le
midi le père profiterait de la réforme pour réduire à
rien des enfants qui ne lui auraient donné aucun sujet
de mécontentement. Ainsi la loi proposée serait inutile
dans la moitié de la France et certainement oppressive
contre les enfants dans l'autre partie. Conservons
donc, sur ce point, l'œuvre des rédacteurs du Code
Napoléon ; ils ont pris une juste proportion entre le
droit que reconnaissaient quelques anciennes coutumes
et la limite extrême que les lois révolutionnaires avaient
imposée à la volonté du père. (Loi du 17 nivôse an II.)

Je reconnais cependant que cette partie de notre
loi civile pourrait recevoir des modifications utiles.
Parmi les dix-huit cas d'exhérédation qu'admettait la
loi romaine, il y en a quelques-uns qui pourraient
être transportés dans notre législation ; il est impossible, en effet, de nier qu'il serait juste, dans certaines
circonstances, de permettre au père d'exhéréder le fils
indigne. Cette satisfaction pourrait et devrait être donnée à ceux qui réclament en faveur de la puissance
paternelle. D'un autre côté, la jurisprudence exige avec
une rigueur excessive que les lots de chaque coparta-
geant se composent de meubles et d'immeubles ; elle va

même jusqu'à décider que le père qui fait un partage
anticipé ne peut pas, à peine de nullité, donner à l'un
de ses enfants des immeubles, et de l'argent aux autres.
Il faut absolument, même contre la volonté du père, que
les immeubles soient fractionnés. Or, cette division forcée a, dans beaucoup de cas, les plus graves inconvénients. Les motifs sur lesquels s'appuie le principe de
la réserve n'exigent pas que la volonté du père soit
enchaînée quant au mode du partage et, pourvu qu'il
assure à ses enfants la valeur de leur portion, ceux-ci
n'ont pas le droit de se plaindre. Mes conclusions ten-
dent à ce que :

1° Les art. 915 et suivants soient maintenus ;

2° Qu'on les complète par l'admission de certains
cas d'exhérédation légitime ;

3° Que l'ascendant qui fait un partage anticipé ait
une entière liberté pour la composition des lots.

4° Que, même en cas de partage judiciaire après
décès, les juges aient pour la composition des lots un
pouvoir plus étendu que ne leur en a attribué l'art.
832 C. N.

De même que je voudrais laisser au donateur une
grande liberté pour faire ses dispositions, ainsi je
trouverais bon qu'on respectât sa volonté une fois manifestée. Comment justifier la révocation des donations
pour survenance d'enfants, surtout l'effet rétroactif
qui emporte tous les droits réels conférés sur l'immeuble
par le donataire ? Les espérances que la donation avait
fait naître seront détruites par la naissance d'un enfant ; les établissements formés, grâce aux biens donnés,
sont troublés et, pour favoriser les enfants nés con-

trairement à toute attente, on dépouille les enfants nés
du mariage que la donation avait déterminé. Cette
menace de révocation est même de nature à empêcher
des établissements et force à employer des moyens dé-
tournés (tels que l'achat de valeurs au porteur) pour
éviter l'éventualité de cette révocation. En deux mots,
je demande que le donateur puisse, s'il le veut, ne
faire que des donations révocables; mais s'il a fait une
donation irrévocable, que sa volonté soit exécutée et
qu'on ne lui réserve pas un moyen de troubler des
existences qu'il a fondées et des ménages qui ne se
seraient pas formés sans la libéralité [1].

S'il est vrai que dans le titre des donations et testaments, le législateur n'a pas toujours respecté la liberté
et la volonté des parties, il est facile de démontrer
qu'au titre des successions *ab intestat*, la volonté présumée a été plus d'une fois méconnue. Il s'agissait de classer les héritiers d'après l'ordre probable des affections
du défunt; or, pour suppléer les dispositions qui n'ont
pas été faites, le législateur a déféré la succession de la
manière suivante.

Après les enfants et descendants, qui occupent le
premier rang, la loi appelle les frères et sœurs et les
père et mère, qui forment la deuxième classe. S'il
n'y a ni frère ni sœur, la succession se partage entre les deux lignes paternelle et maternelle.
A partir de ce moment, la succession est déférée

---

[1] Il s'en fallut de peu que la révocation pour survenance d'enfants ne
fût exclue du Code par une disposition formelle. Un article en ce sens
figurait dans le projet. Treilhard, Tronchet et Bigot de Préameneu
appuyaient cette disposition.

comme s'il y avait deux successions juxtaposées
mais distinctes. Dans sa ligne, l'ascendant est préféré
aux collatéraux ; mais il existe une barrière entre les
deux lignes, et le père qui prend la moitié dans la ligne
paternelle est exclu, dans la ligne maternelle, non-seulement par les ascendants plus éloignés que lui ; mais
par des collatéraux jusqu'à l'épuisement des degrés
successibles, c'est-à-dire jusqu'au douzième degré !
Quel outrage à la nature ! Des parents inconnus sont
préférés, pour la moitié de la succession, au père ou à
la mère. L'ancienne maxime : *paterna paternis, materna maternis*, était bien plus équitable. Elle avait
pour résultat de faire retourner les biens au lieu d'où
ils venaient et de déférer la succession suivant l'origine des biens. Il n'y avait rien d'extraordinaire à préférer les parents plus éloignés d'une ligne aux parents
plus rapprochés de l'autre, parce que dans ce système
la succession était une espèce de retour. Notre Code,
au contraire, ne distingue pas les biens d'après leur
provenance. Alors même que tous les biens viendraient
d'une seule ligne, la fente aurait lieu. Il pourrait donc
se faire que le parent le plus proche dans une ligne
d'où viennent tous les biens de la succession fût exclu
de la moitié de ces biens, par un parent très-éloigné
de l'autre ligne qui n'a rien fourni. Il n'est pas douteux
que la fente entre les deux lignes n'ait été inspirée par
l'ancienne maxime *paterna paternis, materna maternis;* mais confessons aussi que cette reproduction
est loin d'être fidèle.

Autre anomalie ! L'enfant naturel reconnu et le
conjoint survivant ne viennent qu'à titre d'héritiers

irréguliers, c'est-à-dire après les collatéraux au douzième degré. Ainsi le conjoint survivant qui a partagé
les douleurs et les joies du défunt, l'enfant naturel
auquel, par la reconnaissance, il avait donné une
grande marque d'affection, ne viennent qu'après des
parents inconnus. N'insistons pas; cette disposition a été
critiquée tant de fois, que je crains de dire une bana-
lité. Suivant moi, pour suivre l'ordre probable des
affections, il faudrait s'arrêter aux dispositions suivantes :

1° Supprimer la distinction entre les héritiers régu-
liers et les héritiers irréguliers ;

2° Supprimer la fente entre les lignes paternelle et
maternelle;

3° Après la première classe d'héritiers qui resterait
composée des enfants et descendants, la succession serait déférée à la seconde classe composée des père et
mère ou autres ascendants en concours avec le conjoint survivant. Viendraient ensuite les collatéraux
suivant le rapprochement de leur degré de parenté.

Quant aux enfants naturels reconnus, il y aurait
certainement indécence à les mettre sur la même ligne
que les enfants légitimes, et c'est avec raison que
l'art. 756 ne leur attribue qu'une part de ce qu'ils
auraient eu s'ils avaient été légitimes. Mais, si on
consulte sérieusement l'ordre des affections, il est impossible de nier que les enfants naturels reconnus
passent avant les collatéraux, et que la déduction du
quart qu'ils subissent, en cas de concours avec ces
derniers, n'a pas sa racine dans le cœur du défunt.

Nous trouvons dans l'art. 841, C. N. une disposi-

tion qui ne me paraît pas être conciliable avec la liberté des conventions librement formées entre majeurs.
D'après cette disposition le cessionnaire des droits
successifs de l'un des cohéritiers peut être écarté du
partage moyennant le remboursement du prix de la
cession. C'est là ce qu'on appelle *le retrait successoral*. Ainsi, en remboursant au cessionnaire ce qu'il
a déboursé, le retrayant peut lui enlever le bénéfice
de son contrat et se l'attribuer. Bien évidemment, si le
cessionnaire avait fait un mauvais marché, aucun des
cohéritiers n'aurait eu l'idée de l'écarter ; ou l'aurait
laissé venir au partage pour y recueillir la portion
payée à un prix trop élevé. Mais comment caractériser
les dispositions qui donnent à quelqu'un le droit de
choisir entre deux partis suivant son intérêt, et de
s'attribuer une affaire ou de la repousser, selon qu'il y
a ou non bénéfice? J'ai lu beaucoup de commentaires
où cette faculté est qualifiée de *choix immoral*.

En voulant couper court à la spéculation du cessionnaire, on favorise le calcul odieux du retrayant. Je
dis *odieux* parce que, sans affronter aucune chance, il
fait une bonne affaire à coup sûr et enlève cet avantage à celui qui avait couru des risques. Le motif invo-
qué pour défendre l'art. 841 se tire de ce qu'il est bon
de fermer aux étrangers les secrets de la famille. Si
l'intérêt est assez grand pour garder le secret, pourquoi le retrayant ne serait-il pas tenu de rembourser
la valeur intégrale, au lieu de donner seulement les
déboursés? L'expérience a prouvé que le retrait n'a été
exercé que dans les cas où il y avait bénéfice pour l'héritier qui l'exerce ; quant au secret de la liquidation,

il est presque sans exemple que des sacrifices aient été
faits pour le garder. Ce secret peut d'ailleurs être forcé
par les créanciers qui ont le droit d'intervenir au partage. Pourquoi exclure le cessionnaire alors que les
créanciers sont admis? Pourquoi considérer le cessionnaire de droits successifs comme un spéculateur avide
qu'on peut frapper sans ménagement comme s'il était en
dehors du droit? Ce cessionnaire peut rendre de grands
services. Voilà un successible qui est appelé au loin
par ses affaires, qui est pressé de réaliser son avoir,
qui ne peut pas attendre la fin de la liquidation et des
opérations du partage; il trouve un cessionnaire qui
lui donne de l'argent comptant et prend à sa charge
les résultats de cette liquidation. Ce cessionnaire ne
rend-il pas un service, et son acte présente-t-il les caractères d'une opération déloyale? La convention est
utile et morale; elle intervient entre parties majeures
et capables de disposer de leurs droits; il n'y a donc
pas de raison décisive pour résoudre le contrat librement formé[1].

Le titre des obligations ne donne lieu qu'à un petit
nombre d'observations. Ses dispositions sont inspirées
par le principe de l'art. 1134, d'après lequel les conventions librement formées sont la loi des parties, et
de l'art. 1135 qui veut que tous les contrats soient
exécutés de bonne foi; or, il faut reconnaître que, dans

---

[1] Le *retrait successoral* n'est pas approuvé par M. Demolombe (*Suc-
cesssions*, t. IV, n° 11). « Les droits successifs, après tout, dit-il, appartiennent à l'héritier et il doit pouvoir en disposer comme de ses autres
biens; or, il est évident qu'il ne peut pas en disposer avantageusement si
celui qui achète est exposé à se voir enlever son marché. »

les détails, ces deux principes généraux ont été fidèlement observés.

Je ferai remarquer cependant que l'art. 1130 C. N. défend de faire des traités sur succession future, même lorsque le successible y consent. La loi romaine était sur ce point plus favorable à la liberté des conventions, puisqu'elle admettait la validité de la stipulation lorsqu'elle était faite avec l'adhésion du *de cujus*. Les dangers du *votum mortis* nous conduiraient loin; car, s'il fallait s'en préoccuper, tout droit viager devait être interdit. La constitution de l'usufruit et de la rente viagère auraient le même inconvénient, et il faudrait prohiber plusieurs conventions d'une incontestable utilité.

Après le titre général, viennent des dispositions spéciales à quelques contrats, et c'est dans ces dispositions que se trouvent des articles qui, selon moi, portent atteinte au droit de propriété et à la liberté de contracter.

Au titre de la vente, nous trouvons une disposition qui permet au vendeur d'un immeuble de demander la rescision pour cause de lésion de plus des sept douzièmes; on présume que le vendeur, s'il a subi une lésion aussi considérable, a contracté sous la pression de quelque besoin qui lui a enlevé au moins une partie de sa liberté. D'un autre côté, la loi voit avec défaveur l'acheteur qui paraît avoir profité de la position embarrassée du vendeur pour se procurer l'immeuble à vil prix. Il est certain qu'on peut imaginer des hypothèses où la disposition atteindra un acheteur peu digne d'intérêt; mais il est aussi facile de démontrer que dans plusieurs autres cas, la même disposition frappera des acheteurs qui ont rendu un véritable service au vendeur. Supposez que celui-ci eût besoin d'argent et qu'il ne trouvât pas à vendre parce que les circonstances étaient défavorables; son voisin, qui avait de l'argent, consent à le détourner de la Bourse, où il aurait été placé à 10 pour 100 : s'il renonce à son fructueux placement, c'est que le bas prix de l'immeuble lui offre une compensation. Lorsque la tourmente sera passée, lorsqu'il n'y aura plus de difficulté pour vendre, lorsqu'il ne sera plus temps de placer l'argent aux mêmes conditions, le vendeur pourrait redemander son immeuble sous prétexte qu'il y a eu lésion. Ainsi le service rendu par l'acheteur tournera contre lui, et le vendeur, devenant ingrat par intérêt, dénoncera aux tribunaux comme une pression abusive le contrat qu'il avait imploré autrefois comme un service. En deux mots, les art. 1674 et suivants permettent de frapper quelquefois des conventions qui méritent d'être traitées sévèrement, mais ils obligent aussi la justice à résoudre des contrats sérieusement et sincèrement formés.

Ce qui démontre le vice de ces dispositions, c'est que leur application offre les plus grandes difficultés. Que faut-il, en effet, entendre par valeur d'une chose, et dans quels cas y aura-t-il *lésion*? On estimera, dit-on, la chose d'après le prix courant des immeubles dans le pays; mais il y a des immeubles qui ont une valeur exceptionnelle et pour lesquels toute comparaison est impossible : l'immeuble de Clos-Vougeot ou celui de Château-Laffite peut-il être apprécié par relation à un prix courant? Où est le prix courant d'un immeuble unique dé son espèce? Si on nomme des experts,

comme la loi l'exige, quelle sera la règle de leur estimation?

La rescision ne s'applique pas à la vente des meubles, parce que : 1° on tient moins aux meubles qu'aux immeubles; 2° parce que les meubles changent fréquemment de prix et qu'il serait difficile de déterminer la valeur de la chose au moment de la vente. Le premier motif n'est que l'application de la maxime bien discréditée: *Vilis mobilium possessio.* Au second point de vue, je ferai observer que les immeubles sont aujourd'hui sujets à des variations de valeur nombreuses qui n'avaient pas lieu autrefois; il en résulte que depuis la rédaction du Code la différence entre les meubles et les immeubles a perdu sa raison d'être[1].

Au même titre, l'art. 1699 C. N. permet d'écarter le cessionnaire de droits litigieux en lui remboursant la somme qu'il a payée pour le prix de la cession. Cette disposition présente l'analogie la plus grande avec celle de l'art. 841; aussi l'appelle-t-on *retrait litigieux,* dénomination semblable à celle de *retrait successoral* que nous avons déjà rencontrée. L'acheteur de droits litigieux a couru une chance, il a rendu un service au cédant qui n'avait pas le moyen de faire un procès, et, loin de le traiter avec défaveur, il faudrait voir en lui un auxiliaire utile de la justice. Je ne nie pas que ce cessionnaire ne puisse être un spéculateur peu digne d'intérêt ; mais il se peut aussi que ce soit un cessionnaire sérieux,

---

[1] Au Conseil d'État, la rescision fut combattue par Berlier, Regnauld (de Saint-Jean-d'Angély), Réal et Defermon. Elle avait été vigoureusement combattue par Thomassius (*De Æquitate cerebrinâ,* 75ᵉ dissertation). Portalis, Cambacérès et Tronchet se prononcèrent pour la rescision, et le Premier Consul opina aussi dans ce dernier sens.

sans l'intervention duquel le cédant n'aurait tiré aucun parti de son droit. D'ailleurs, ce qui condamne la disposition, c'est que le retrayant a le droit de choisir, suivant le bénéfice qu'il y trouvera, entre l'exercice du retrait et la chance de la lutte judiciaire. Si le procès offre le péril d'une solution défavorable, il exercera le retrait et, pour une faible somme, se procurera le profit définitif d'une injustice sans remède. Que si, au contraire, le procès est excellent pour lui, s'il est sûr de le gagner, il laissera le cessionnaire faire des frais, agissant ainsi suivant les circonstances et choisissant à coup sûr une affaire lucrative. Je le répète, des dispositions qui laissent un pareil choix ne sont pas morales. Leur moindre inconvénient est de rompre un contrat formé librement entre parties majeures.

L'étude sur le contrat de vente nous rappelle la prohibition écrite dans le décret du 6 messidor an III (24 juin 1795), qui interdit la vente des *grains en vert* pendant par racines, à peine de confiscation des fruits vendus, sauf quelques exceptions écrites dans un décret du 25 messidor suivant.

Cette disposition faite dans un temps de trouble, sous la pression d'une irritation fiévreuse et aveugle contre les spéculateurs, n'a plus de raison d'être ; elle doit être reléguée parmi les dispositions rendues contre les accapareurs, dispositions qu'aucun esprit éclairé ne soutient plus aujourd'hui. Autant vaudrait rétablir le maximum que de maintenir la prohibition des ventes de grains en vert.

Le titre du louage nons présente plusieurs dispositions dignes de remarque. Qui ne connaît l'art. 1734

sous lequel tout locataire doit trembler ! si une maison
brûle et qu'on ignore l'appartement où le feu a com-
mencé, tous les locataires sont solidairement tenus
envers le propriétaire du préjudice qu'il éprouve.
Parmi les personnes qui occupent la maison, il n'y
en a qu'une qui soit responsable ou doive l'être. Cependant le propriétaire est dispensé de faire la preuve,
et une présomption générale enveloppe des locataires
qui ne se connaissent pas, qui ne peuvent pas se sur-
veiller. Est-il juste d'obliger à une surveillance
réciproque des locataires qui n'entrent pas les uns
chez les autres ! C'est le propriétaire qui choisit les
locataires ; il doit donc en répondre et, puisqu'il agit en
indemnité, c'est à lui qu'incombe l'obligation de prouver son droit. C'est l'application d'une règle générale
d'après laquelle *onus probandi incumbit ei qui agit.* La
responsabilité des locataires contre lesquels la preuve
n'est pas faite est déjà une obligation dont le caractère
est exorbitant. Mais que dire de la solidarité établie
par l'art. 1734 ! Non-seulement le locataire sera tenu
de payer sa part, mais il pourra être actionné pour le
tout. Si les autres sont insolvables, le locataire riche
sera tenu d'acquitter leur part. Supposez que le feu
ait pris dans les appartements d'un locataire insolvable.
Quel malheur pour le propriétaire ! s'il a la preuve,
il la cachera et aimera mieux s'en rapporter à la
présomption générale de l'art. 1734 qui lui permet
de choisir le plus riche des locataires.

Quelles sont les raisons par lesquelles le législateur a pu être conduit à édicter une disposition aussi
rigoureuse ?

Celles qui ont été données se réduisent à dire que le locataire est tenu de rendre la maison louée et que, s'il ne le peut pas, il doit prouver sa libération en démontrant que le feu n'a pas pris dans son appartement. Je comprends que l'obligation de se disculper soit mise à sa charge lorsqu'il occupe seul la maison; il n'en est pas de même lorsqu'il y a plusieurs locataires. D'ailleurs ne serait-ce pas l'obliger à prouver un fait négatif! sans doute la preuve d'un fait négatif n'est pas impossible; il faut cependant convenir qu'elle est plus difficile que celle d'un fait positif. Il est donc plus naturel de forcer le propriétaire à prouver la responsabilité contre le locataire, que de forcer le locataire à prouver qu'il n'est pas responsable.

Les principes veulent que le propriétaire lorsqu'il agit *in solidum* contre l'un des locataires, soit chargé de la preuve : 1° parce que c'est au créancier à prouver; 2° parce que la preuve d'un fait négatif étant plus difficile que celle d'un fait positif, il est préférable de mettre la preuve à la charge de celui qui doit prouver un fait positif.

Le propriétaire n'a qu'à s'assurer contre l'incendie, et la précaution est facile pour lui puisqu'il connaît le risque. Mettre l'assurance à la charge des locataires c'est obliger chacun à assurer toute la valeur de la maison, de sorte que la maison serait assurée plusieurs fois tandis que le propriétaire n'aurait à l'assurer qu'une seule fois[1].

Au même titre, l'art. 1811 contient un certain nombre de dispositions restrictives qui défendent de stipuler : 1° que le preneur supportera la perte to-

[1] M. Troplong estime que l'art. 1734 est trop rigoureux. (*Échange et louage*, t. I, n° 377, p. 462.)

tale du cheptel, si elle arrive par cas fortuit et sans
sa faute ; 2° qu'il supportera dans la perte une
part plus grande qu'il n'en aura dans le profit. D'a-
près l'article précédent, en effet, la perte totale du
cheptel, lorsqu'elle survient par cas fortuit, est à la
charge du preneur tandis que la perte partielle doit
être supportée en commun. Ainsi non-seulement la
perte totale fortuite est à la charge du bailleur mais la
loi défend même au preneur de promettre, par une
convention expresse, qu'il y participera pour quelque
chose. Que résulte-t-il de là ? C'est que le preneur, en
cas de perte partielle, a intérêt à procurer la perte
totale, pour échapper à sa part de responsabilité. On
a vu, dans cette occurrence, des chepteliers chercher à
faire périr ce que l'épidémie avait épargné. Sans doute
si la fraude était prouvée, le preneur serait responsable,
mais la preuve serait difficile parce que la fraude est
ingénieuse pour se dissimuler comme elle est auda-
cieuse pour agir. Il y a péril, ce me semble, à placer
une partie entre son intérêt et sa conscience, alors surtout qu'il est difficile de prouver quelles inspirations
ont été suivies par l'auteur de la fraude.

En matière de sociétés, je trouve dans la loi civile des
restrictions qui ont agi sur la loi commerciale, et que
j'aimerais à voir disparaître du Code civil et du Code de
commerce tout à la fois. Les précautions accumulées
pour protéger les tiers n'ont pas empêché une seule
fraude de se commettre, ni une affaire véreuse de se
produire. Les faits ont démontré l'impuissance de la loi
pour empêcher le mal et, d'un autre côté, les dispositions destinées à prévenir les fraudes ont arrêté

d'excellentes entreprises. Je comprends que l'on cherche à rassurer les bons et à effrayer les méchants ; mais
il ne faut pas faire des lois qui épouvantent tout le
monde et c'est là l'effet que produisent les mesures pré-
ventives, surtout si elles sont trop sévères. A mon sens,
il serait préférable de laisser aux parties le droit de s'as-
socier aux conditions qu'il leur plairait de fixer, pourvu
qu'elles n'eussent rien de contraire à l'ordre public et
aux bonnes mœurs. Seulement la loi déterminerait certains types de société auxquels les parties pourraient se
référer par une convention générale, soit en les adop-
tant purement et simplement, soit en les modifiant par
des clauses accessoires. La loi n'a pas suivi d'autre
marche pour la première des associations, pour l'association conjugale ; elle permet aux parties d'adopter un
régime ou d'en combiner plusieurs, sans autre restriction que le respect dû à l'ordre public et aux bonnes
mœurs. Pourquoi ce régime qui est bon pour la
plus importante des associations, ne serait-il pas suivi
pour des sociétés purement pécuniaires? Tout ce qui
est dû aux tiers c'est l'organisation d'une publicité
qui leur fasse connaître les clauses de l'acte social.
C'est pour cela qu'à la place de l'extrait prescrit par
les art. 42 et 43, C. comm., je voudrais qu'une copie
de l'acte de société fût déposée, et que le dépositaire
public chargé de le recevoir en donnât connaissance à
tous les requérants.

La matière du prêt et des garanties accessoires,
tels que gages, priviléges et hypothèques, donne lieu
à des observations graves. Pour constituer un gage
il faut que l'emprunteur se dessaisisse de la pos-

session. Toutes les fois que cette condition est imprati-
cable, il ne peut pas engager les objets. Ainsi, le propriétaire qui veut faire un emprunt au moment de la
récolte, ne peut pas engager les fruits qui ne sont pas
encore détachés. S'il voulait donner en gage les animaux attachés à la culture, il serait obligé de les
séparer de l'exploitation. On fait observer que, pour les
meubles, la mise en possession du créancier est le seul
moyen d'avertir les tiers du droit de préférence. Il est
aisé de répondre que la loi organique des banques coloniales permet d'engager les récoltes des plantations, et
que cette loi a établi une publicité spéciale pour faire
connaître aux tiers la constitution du droit de gage. Les
procédés établis par la loi dont nous parlons pourraient
être étendus à la France; car il est facile de se con-
vaincre que ces dispositions ne tiennent pas à la situa-
tion des colonies. Il y a chez nous des receveurs de
l'enregistrement, comme aux colonies, et, par consé-
quent, les formalités de la loi sur les banques coloniales pourraient être généralisées. Cette extension
est demandée par tous ceux qui s'intéressent au progrès du crédit agricole.

Les art. 8 et 9 de la loi du 11 juillet 1851 pourraient être introduits, sans inconvénient, selon nous,
dans la loi commune.

Art. 8. « Tous actes ayant pour objet de constituer des nantissements par voie d'engagement, de
cession de récoltes, de transport ou autrement, au
profit de banques coloniales, et d'établir leurs droits
comme créanciers, seront enregistrés au droit fixe de
deux francs;

Art. 9. Les receveurs de l'enregistrement tiendront registre : 1° de la transcription des actes de prêt sur cession de récoltes pendantes, dans la circonscription de leurs bureaux respectifs ; 2° des déclarations et oppositions auxquelles ces actes pourront donner lieu. »

On voit par là que le législateur a organisé un moyen de rendre public l'engagement des récoltes pendantes, sans exiger qu'il y ait dessaisissement. Pourquoi conserver à cette disposition un caractère exceptionnel, tandis que sa généralisation produirait d'excellents effets ? Par ce moyen, le propriétaire pourrait emprunter sur des bois non encore coupés, mais d'une échéance prochaine ; acheter les animaux dont il a besoin en les engageant spécialement à son prêteur ; se procurer de l'argent au moment des travaux de la moisson, en donnant pour sûreté la récolte pendante. L'agriculteur n'a pas tant de facilité à trouver du crédit pour que la loi ajoute les restrictions qu'elle crée à celles qui résultent naturellement de la position du cultivateur. Je demande qu'on lui restitue les moyens de crédit dont il a été privé artificiellement. Les conclusions que je viens de formuler ont été déjà exposées avec beaucoup de force et d'autorité par un comité composé d'agriculteurs distingués, dans un travail dont je me suis beaucoup servi. M. d'Esterno a pris une part considérable aux délibérations de ce comité, et je manquerais de justice si je ne rendais pas ici un public hommage à son intelligente initiative.

La loi exige de celui qui constitue une hypothèque la capacité nécessaire pour aliéner (art. 2124 C. N.). Il en résulte que des personnes ont la capacité de s'o-

bliger et que cependant elles ne peuvent pas consentir
une hypothèque parce qu'elles n'ont pas la capacité
d'aliéner. Pourquoi celui qui a la capacité de consentir le principal n'a-t-il pas le pouvoir de constituer
l'accessoire? S'il y a quelque danger à courir, c'est
dans l'obligation que consiste le péril et non dans la
garantie. Si on permet à quelqu'un de s'obliger, pourquoi lui interdire de consentir une hypothèque? Cette
prohibition vient exclusivement de raisons abstraites qui
n'ont pas une grande valeur pratique. Sans doute
l'hypothèque prépare la vente à la requête des créanciers, et c'est par cette considération que le législateur
a été conduit à exiger, pour la constitution d'hypothèque, la capacité nécessaire pour aliéner. Mais cette
raison, purement métaphysique, est d'autant moins
décisive que, dans notre droit, le créancier chirogra-
phaire peut, en obtenant un jugement, se procurer
une hypothèque judiciaire générale sur tous les immeubles du débiteur. Ce qu'on ne peut pas faire direc-
tement peut donc se faire indirectement avec la plus
grande facilité. Le créancier auquel le débiteur n'aura
pas pu accorder une hypothèque conventionnelle se
pressera de prendre un jugement et, pour n'avoir pas
pu consentir une hypothèque spéciale, le débiteur verra
tous ses immeubles grevés d'une hypothèque générale.
Il aurait été plus pratique de mesurer la capacité pour
hypothéquer sur la capacité pour s'obliger que
de prendre pour règle la capacité d'aliéner. La disposition de l'article 2124 n'est que le résultat de théories
subtiles sur le droit réel et les démembrements de la
propriété, questions tout au plus dignes de figurer

parmi les controverses entre les réalistes et les nominaux. La modification que je propose a son importance ; car toute extension de la capacité pour s'obliger est favorable à la liberté des conventions [1].

De fréquentes attaques ont été dirigées contre les hypothèques générales, légales ou judiciaires, comme contraires au développement du crédit. Ces critiques, à mon sens, sont injustes ou du moins excessives. Si le jugement n'emportait pas hypothèque, les créanciers stipuleraient presque toujours une hypothèque conventionnelle et l'on ne ferait pas usage de l'acte sous seing privé ; il faudrait toujours employer l'acte notarié. Ce serait la mort du crédit personnel en matière civile ; car la facilité de se procurer une hypothèque judiciaire à volonté fait que souvent on se contente d'un simple billet. J'accorde que l'hypothèque générale dépasse le but et qu'il suffirait de déterminer, par le jugement, les immeubles sur lesquels portera l'hypothèque. En d'autres termes, au lieu d'une hypothèque générale, on pourrait appliquer le principe de la spécialité à l'hypothèque judiciaire ; mais cette observation conduit à la modification, non à la suppression de l'hypothèque judiciaire. Quant à l'hypothèque légale, le crédit n'a rien à gagner à ce qu'elle soit remplacée par une hypothèque conventionnelle dans le contrat de mariage. Si cette modification était faite, il faudrait se livrer à des vérifications nombreuses sur

---

[1] Ce résultat est tellement choquant que, sans avoir égard au texte formel de l'art. 2124 C. N., des jurisconsultes soutiennent que le mineur émancipé peut constituer une hypothèque pour la sûreté des obligations qu'il contracte pour son administration. Cependant le mineur émancipé ne peut pas aliéner ses immeubles.

les contrats de mariage, tandis qu'aujourd'hui tout
créancier est prévenu, par le fait du mariage, de l'exis-
tence de l'hypothèque légale.

Ce que les besoins du crédit réclament surtout c'est
la suppression du régime dotal qui entraîne non-seulement l'inaliénabilité du fonds dotal, mais encore l'inces-
sibilité de l'hypothèque légale de la femme. Ce régime
est contraire au crédit, à la facilité des transactions, en
un mot, à ce qu'on a l'habitude de désigner par *libre
circulation des biens*. Les rédacteurs du Code Napoléon
avaient eu la pensée d'exclure le régime dotal et ils
cédèrent, par condescendance, aux réclamations des
Cours d'appel du midi. Cette concession est d'autant
plus regrettable que la jurisprudence, par respect pour
l'esprit de la loi, a rendu la restriction plus grave en
étendant aux meubles dotaux l'inaliénabilité que la loi
n'avait expressément établie que pour les immeubles.
Il en est résulté que le mari est lié par ce régime d'une
manière difficile à vaincre ; s'il veut aliéner ses biens
pour faire le commerce il en est empêché ; s'il cherche
à emprunter sur ses biens, l'hypothèque de sa femme
lui ferme tout crédit. Ces inconvénients sont d'autant
moins contestables que la comparaison du nord et du
midi de la France donne, par les faits, la démonstra-
tion qu'il est si facile de faire *a priori*. L'industrie et
la culture sont fort arriérées dans le midi, où le régime dotal est très-répandu, tandis qu'elles ont fait de
grands progrès dans le nord, où l'on se marie presque
toujours sous le régime de la communauté. Il y aurait
sans doute exagération à dire que le régime dotal est la
cause unique de la différence de richesse entre les deux

parties de la France. Le climat, le caractère des po-
pulations et une foule de circonstances variées con-
courent à ce résultat; mais assurément l'influence du
régime dotal a été une des causes les plus actives de
l'infériorité de la culture et de l'industrie dans les départements du Midi. Il s'oppose à l'esprit d'entreprise
en arrêtant la transformation de la fortune immobilière
en capitaux mobiliers, et il éloigne les prêteurs par la
menace d'une hypothèque à laquelle la femme ne peut
pas renoncer.

Quelle nécessité y a-t-il d'affronter tous ces inconvénients? La famille est-elle moins bien constituée dans
le nord que dans le midi? Les parents ont-ils moins
de sollicitudes sur les bords de la Seine que sur
ceux de la Gironde? Le régime dotal gêne surtout les
petits propriétaires qui sont condamnés à rester dans
leur position médiocre par l'impossibilité de vendre ou
d'emprunter. S'il n'était adopté que par les familles
riches qui vivent dans l'immobilité et éloignées de
toute entreprise, le mal serait sans importance; mais il
opère sur toutes les classes également, et les mêmes
dispositions qui conservent la fortune des familles
puissantes arrête l'essor des petits propriétaires. Pour
une dot qu'elle sauve, la loi empêche cinquante
familles d'améliorer leur position par l'industrie et le
commerce; pour une dissipation qu'elle arrête, elle
empêche dix fortunes de se former. La crainte de
faire violence aux habitudes du midi a décidé le législateur à introduire le régime dotal dans le Code
Napoléon. C'est, au contraire, cet usage qu'il fallait
combattre parce qu'il était funeste; s'il n'avait pas

été répandu, il n'y aurait pas eu d'inconvénient à permettre quelques conventions isolées ; ce qui rend le régime dotal nuisible, au point de vue économique, c'est la fréquence de son emploi et, loin d'arrêter le projet des rédacteurs du Code, l'usage des départements méridionaux aurait dû servir de raison déterminante à la suppression du régime dotal.

J'ajoute d'ailleurs qu'au point de vue moral, il n'est pas bon de développer les moyens de conserver la fortune de la femme dans la ruine du mari. Le mariage doit être une association tellement complète que la séparation des intérêts de la femme d'avec ceux du mari a un caractère choquant qui blesse la moralité publique. Est-il décent qu'à la vue des créanciers réduits à la misère, le mari vive dans le luxe grâce à la fortune de la femme, et qu'après s'être déshonoré il continue à tenir son rang dans la société parce que la femme a sauvé ses biens ? Je sais qu'il est impossible d'empêcher ce résultat dans tous les cas ; il n'en est pas moins vrai que le régime dotal est le moyen le plus propre à préparer ce résultat, et c'est pour cela que son abrogation serait désirable.

Mais, objecte-t-on, la liberté des conventions serait atteinte par la suppression du régime dotal ; car le supprimer ce serait interdire la convention d'inaliénabilité, et il y a même, ce semble, quelque chose d'extraordinaire à demander la suppression du régime dotal dans un travail qui est fait pour soutenir le respect dû à la liberté des conventions. L'esprit général de la loi, répondrai-je, s'oppose à toute convention ayant pour objet de stipuler l'inaliénabilité d'un bien ; cette clause est réputée contraire au crédit, au progrès de l'industrie, et la loi, telle que l'interprète avec raison la jurisprudence, ne permet pas que le propriétaire use de sa liberté pour supprimer sa liberté et dispose du présent pour enchaîner son avenir. Le régime dotal est donc en contradiction avec la pensée générale de la loi, et la suppression que nous demandons ne serait qu'un retour au système général. Mais pourquoi continuerai-je à développer ce point de vue? Tout a été dit par un des membres de cette compagnie et ceux qui ont lu la préface du *Contrat de mariage* ont certainement fait cette réflexion qu'il est impossible de rien ajouter après M. Troplong.

Le développement du crédit ne tient pas seulement à la liberté des conventions et à la suppression des entraves; il dépend aussi de l'organisation des voies d'exécution et de la rapidité avec laquelle il est possible au créancier de réaliser son gage. Or, une des causes qui ont le plus contribué à retarder les progrès du crédit rural tient aux formalités compliquées de la saisie immobilière; le créancier qui veut être payé est obligé de passer par des formalités tellement nombreuses qu'il fuit les placements hypothécaires et se reporte sur les valeurs de Bourse. Cet inconvénient s'ajoute au manque d'exactitude pour le payement des intérêts, de sorte que tout concourt à éloigner le numéraire de l'agriculture; aussi, lorsque le Crédit foncier a été fondé, un décret a-t-il créé des formalités plus simples pour les expropriations poursuivies à la requête de la Compagnie. Pourquoi ne généraliserait-on pas les dispositions qui ont été faites en faveur du Crédit foncier? Pourquoi

conserverait-on à ces dispositions le caractère restreint
et privilégié qu'elles ont reçu en naissant? Il me paraît
difficile qu'elles ne soient pas bonnes en soi, puisque la
loi les a jugées suffisamment protectrices pour des
saisies importantes. A moins qu'on ne se laisse toucher
par l'intérêt privé des agents de la saisie, je ne vois pas
pour quelle raison on refuserait de faire le droit commun de ce qui n'est aujourd'hui que l'exception.

Des écrivains distingués, auxquels personne ne refu-
sera l'aptitude pratique, ont réclamé l'abrogation de
l'art. 742 du Code de procédure qui ne permet pas la
clause de *voie parée.* Il est défendu au débiteur de fixer
d'avance par une convention les formes qui seront em-
ployées pour la vente des biens hypothéqués. Bon gré,
mal gré, il faut que les débiteurs subissent les lentes
et nombreuses formalités de la saisie immobilière.
Pourquoi ne pas permettre aux parties majeures de
fixer, comme elles l'entendent, la manière dont le gage
sera vendu? Elles pourraient le vendre elles-mêmes
au moment du contrat; il n'y a donc aucune raison
pour leur interdire la détermination des formes qui
seront suivies pour une vente postérieure. La suppression de cet article serait d'autant plus désirable qu'il
n'a été fait qu'en 1842 et que, jusqu'à cette époque,
on avait vécu sans inconvénient sous un régime qui
permettait la clause de *voie parée.* L'auteur d'un
ouvrage récent sur les réformes à introduire dans le
Code de procédure, M. Lavielle, nous a appris que cette
clause était depuis des temps fort anciens pratiquée
dans le ressort du parlement de Pau, et que jamais la
moindre plainte n'avait signalé les inconvénients qui,

dans ces dernières années, lui ont été attribués sans motif.

L'art. 2078 interdit toute clause permettant au créancier de s'attribuer le gage sans s'adresser à la justice et le faire mettre aux enchères. Encore une restriction difficile à expliquer! car si le débiteur peut immédiatement aliéner son bien à vil prix, pourquoi ne pourrait-il pas le vendre condition-nellement en le donnant en payement de sa dette? Remarquons en effet qu'il s'agit de meubles, et que pour les meubles il n'y a pas lieu à rescision pour lésion de plus des sept douzièmes. Que la vente à vil prix soit faite immédiatement ou sous condition, elle devrait être valable dans les deux cas. Cette remarque est d'autant plus vraie qu'il existe des établisse-ments autorisés à prêter sur gages et à faire vendre, sans autorité de justice, les objets engagés. Les monts-de-piété ont le privilége de faire des opérations qui sont défendues aux simples particuliers. Quelle est cette morale qui oblige les uns sans astreindre les autres? Pourquoi ce qui est défendu en principe est-il, par exception, pratiqué sous la protection de l'administra-tion? L'argent est cher au mont-de-piété, et ces établis-sements n'ont pas justifié par le bon marché de leurs prêts le privilége qui leur a été accordé.

L'étude des voies d'exécution m'entraînerait dans l'examen du Code de procédure, et mon projet doit se borner au Code Napoléon. Si j'ai parlé de la saisie im-mobilière, c'est qu'elle a un titre important dans le Code civil[1]. Pour la même raison, je dirai quelques

[1] La réforme du Code de procédure est à l'ordre du jour. Des ouvrages

mots de la contrainte par corps, qu'il est question d'abolir aujourd'hui.

La contrainte par corps, disent ceux qui en proposent la suppression, est une voie de rigueur qui permet de frapper un débiteur malheureux plus sévèrement qu'on ne traiterait un voleur ou un escroc. Elle donne aux jeunes gens débauchés un crédit ruineux, que les fournisseurs n'accorderaient pas s'ils n'avaient pas le moyen de faire emprisonner leur débiteur à sa majorité. Par ce moyen, les familles sont obligées de payer les dettes de leurs parents, et ceux qui ne doivent pas sont obligés, par bienséance, de soustraire à la prison le débiteur qui porte leur nom. Ainsi la coaction réfléchit sur ceux qui n'ont rien à se reprocher, et, s'il faut employer une expression familière, l'emprisonnement peut devenir un moyen de *chantage*.

Tous ces défauts peuvent être reprochés à la contrainte par corps obligatoire, et, sous ce rapport, la loi aurait besoin de profondes et radicales modifications. Mais le projet de loi qui a été présenté au Corps législatif dans la dernière session ne dépasse-t-il pas le but ? Pour rester dans la juste mesure, il aurait fallu supprimer la *contrainte obligatoire* et conserver la *contrainte par corps facultative*. Nous avons des rentes insaisissables et des valeurs au porteur qu'il est très-facile de dissimuler et de soustraire aux poursuites des

distingués ont été publiés sur cette question par MM. Lavielle, Raymond Bordeaux, Seligman, Piogey et Renard. Un ministre de la justice, que l'Académie des sciences morales et politiques compte au nombre de ses membres, M. le procureur général Delangle, a chargé une commission de préparer la révision du Code de procédure civile.

créanciers. La contrainte corporelle est le seul moyen qui
puisse forcer à faire paraître ces valeurs cachées. Pourquoi renoncer à cette coercition contre les débiteurs de
mauvaise foi, qui se servent du principe de l'insaisissa-
bilité des rentes pour frustrer les créanciers, et vivent
dans le luxe, sous les yeux de leurs créanciers spoliés,
avec les fruits que produit cette fortune secrète? Aucune considération ne s'élève en faveur de ces débiteurs
frauduleux; ils ressemblent aux voleurs ou escrocs;
leur conduite est moralement aussi répréhensible que
la soustraction frauduleuse. Pourquoi renoncer à ce
moyen d'agir qui permet de forcer indirectement
le débiteur à montrer ce qu'il cache pour ra-
cheter la liberté de sa personne? Je suis peu touché
des renseignements statistiques qui ont été présentés
pour démontrer l'inutilité de la contrainte. Si elle ne
saisit qu'un petit nombre de personnes, si elle a surtout frappé des fils de famille dévorés par l'usure,
personne ne pourrait dire quels effets elle a produits
en menaçant les débiteurs et les retenant sur la pente
de la mauvaise foi. Pour juger des mérites d'une institution, il ne faut pas seulement considérer le mal
qu'elle réprime, mais aussi celui qu'elle empêche pré-
ventivement. Or, la contrainte par corps est propre à
inspirer une crainte salutaire, et son influence est suffisante pour forcer à s'exécuter des débiteurs qui, sans
cela, auraient ri des poursuites de leurs créanciers.
L'appréciation des tribunaux peut être ici employée
très-utilement. Qu'on leur confie le pouvoir de prononcer la contrainte par corps dans les cas où ils auront
acquis la conviction que le débiteur a des ressources se-

crètes[1]. Ainsi réduite, cette voie d'exécution sur la personne échappera à toutes les objections qui lui ont été
adressées : 1° Elle ne frappera que le débiteur de mauvaise foi ; 2° elle n'atteindra pas la famille, qui ne se
croira pas obligée d'intervenir si le débiteur a des ressources personnelles ; 3° elle ne sera pas inhumaine,
puisque l'indélicatesse du contraignable mérite une véritable peine.

Je termine ici cette revue critique, qui est loin d'être
complète, mais qui suffit pour démontrer la nécessité d'une révision du Code Napoléon. L'idée n'est
assurément pas nouvelle, et la plupart d'entre vous ont
pu entendre la lecture de quelques pages remarquables
où M. Rossi a développé la même idée avec une grande
élévation de pensée et de style. Son travail, qui était parfait pour les idées générales, n'entrait pas assez dans les
détails. J'ai voulu prendre le côté qu'avait négligé cet
homme éminent, dont je suis heureux de suivre les traces
et effrayé d'avoir reçu la succession dans l'enseigne-
ment. Je partage l'admiration que Rossi a exprimée
pour le Code Napoléon comme œuvre politique et sociale ; en demandant sa révision, je ne cède à aucun
désir de dénigrer les institutions de mon pays ; je
n'ai pas dessein de porter atteinte à l'admiration
dont a joui jusqu'à présent cette œuvre, qui a été
souvent imitée à l'étranger. Convaincu que rien n'est
parfait, et que les œuvres les meilleures sont perfecti-
bles, je me suis permis une excursion critique dans le

---

[1] C'est l'opinion qui a été soutenue dans un discours de rentrée devant
la Cour impériale de Toulouse par M. Paul, alors premier avocat général,
et aujourd'hui premier président de la Cour de Douai.

Code Napoléon, avec la confiance que personne ne trouvera extraordinaire la demande que je fais pour la loi civile d'une révision analogue à celle qui a été faite, à plusieurs reprises, de la loi pénale. L'économie politique a démontré que notre Code était trop réglementaire; qu'il restreignait souvent la liberté des conventions; qu'il limitait la propriété privée dans des circonstances trop nombreuses. Une révision facile à faire rendrait aux conventions la liberté qu'elles doivent avoir, et dont le principe a été reconnu par l'article 1134. Mettons la loi d'accord avec la science, les détails avec la règle générale. Le respect pour le Code, loin d'être atteint par ces modifications, ne peut que gagner à ce perfectionnement. L'autorité du Code pénal n'a pas été diminuée par les révisions de 1852 et 1863; il est sûr que celle du Code Napoléon sera au moins intacte, si elle n'est pas augmentée par les remaniements que votre bienveillance m'a permis d'exposer, et que je réclame de ceux qui ont l'initiative des lois. J'ose espérer que vous prêterez à mes réclamations l'autorité de vos noms et le concours de votre institution; car vous pourriez provoquer sur cette question quelque travail spécial où serait approfondi et complété le programme que je n'ai pu qu'effleurer.

PARIS. — IMPRIMERIE DE SIMON RAÇON, RUE D'ERFURTH, I.

OUVRAGES DE M. A. BATBIE

NOUVEAU COURS D'ÉCONOMIE POLITIQUE, professé à la Faculté de droit de Paris. 1866. 2 vol. in-8. . . . . 15 fr.

MÉLANGES D'ÉCONOMIE POLITIQUE. 1866. 1 vol. in-8. . . 7 fr. 50

> NOTA. Ce volume des *Mélanges d'économie politique* contient deux Mémoires : 1° Mémoire sur le prêt à intérêt (couronné par l'Institut, Sciences morales et politiques) ; 2° Mémoire sur l'impôt avant et après 1789.

TURGOT PHILOSOPHE, ÉCONOMISTE ET ADMINISTRATEUR. Ouvrage couronné par l'Institut (Académie des sciences morales et politiques.). 1861–1866. 1 vol. in-8 . . . . 9 fr.

Les trois ouvrages, pris ensemble, 4 vol. in-8. . . . . 30 fr.

> NOTA. Le prix de *Turgot philosophe, etc.*, qui est de 9 fr., *pris isolément*, sera *baissé* à 8 fr. pour quiconque en fera la demande avec l'un des ouvrages de M. BATBIE.

TRAITÉ THÉORIQUE ET PRATIQUE DU DROIT PUBLIC ET ADMINISTRATIF, contenant l'examen de la Doctrine et de la Jurisprudence, la comparaison de notre Législation avec les lois politiques et administratives des principaux pays de l'Europe, etc., etc. 1862-65. 7 vol. in-8 . 56 fr.

En vente les *quatre premiers volumes*. . . . . 32 fr.

> Les tomes V, VI, VII seront mis sous presse en Janvier 1866, et seront successivement publiés à peu d'intervalle.

NOTA. Les volumes publiés ne seront livrés qu'aux Souscripteurs de l'ouvrage entier. Le prix ne sera payable qu'au fur et à mesure de la mise en vente de chaque volume.

PRÉCIS DU COURS DE DROIT PUBLIC ET ADMINISTRATIF, professé à la Faculté de droit de Paris. 2ᵉ édit., entièrement refondue. 1865. 1 vol. in-8. . . . . 9 fr.

> Ce volume contient : le Programme des Facultés de Droit, une Table des matières, une Table alphabétique et le Programme des concours pour le Conseil d'État et la Cour des comptes.

LE CRÉDIT POPULAIRE, avec une Préface de M. Horn. Ouvrage couronné par l'Institut (Académie des sciences morales et politiques). 1864. 1 vol. in-18. 5 fr.

> Le système de banques fondées sur la mutualité qui, en Allemagne, a rendu les notables services à l'industrie, est encore chez nous à l'état d'essai. Il faut donc de fortes convictions en la vitalité de ce principe et une connaissance spéciale de la matière pour chercher à faire pénétrer dans les classes industrielles ce nouvel agent financier.
>
> M. BATBIE, dans une étude que l'Institut vient de couronner, a exposé le système du crédit populaire, tel qu'il fonctionne en Allemagne.
>
> Une Introduction de M. Horn, qui, par sa position spéciale et ses travaux sur la matière, jouit en Allemagne d'une grande autorité, complète cette œuvre que voudront lire tous ceux qui cherchent l'émancipation du travail par les principes du crédit populaire.

DOCTRINE ET JURISPRUDENCE EN MATIÈRE D'APPEL COMME D'ABUS. 1851. 1 vol. in-18. . . . . 1 fr. 50

PARIS. — IMP. SIMON RAÇON ET COMP., RUE D'ERFURTH, 1.

www.ingramcontent.com/pod-product-compliance
Lightning Source LLC
LaVergne TN
LVHW022035080426
835513LV00009B/1049